AF275671

SIN QUERER

SIN QUERER

RICARDO A. VEGA

Valparaíso
EDICIONES

Número 498 de la Colección VALPARAÍSO DE POESÍA
dirigida por FEDERICO DÍAZ-GRANADOS

Diseño de colección y portada: Chari Nogales
Maquetación: Carlos Henson

Primera edición: o

© De los poemas: Ricardo A. Vega
© Diseño de portada: Jesús Hdez-Güero, «Cuando lo
sólido se desvanece en el aire» / *Digital photography on Photo Rag
Bright W. - Hahnemühle* 310 gr / m2 / 100 x 70cm / 2019-2020.

© Valparaíso Ediciones
   C/ Fray Leopoldo, 7 bajo, 18014 Granada
   www.valparaisoediciones.es

   ISBN: 979-13-87538-57-6
   Depósito Legal: GR 730-2025

   Impreso en España - *Printed in Spain*
   Gráficas Gami

Cualquier forma de reproducción, distribución, comunicación pública o
transformación de esta obra solo puede ser realizada con la autorización
de sus titulares, salvo excepción prevista por la ley. Diríjase a CEDRO
(Centro Español de Derechos Reprográficos) si necesita fotocopiar o es-
canear algún fragmento de esta obra (www.conlicencia.com; 917021970
/ 932720445)

*El papel utilizado para la impresión de este libro está calificado como papel ecológico
y procede de bosques gestionados de manera sostenible*

SIN QUERER

INCONFESOS

un hombre le pega a su mujer
y luego regala flores
así como España insiste
en que nos trajo su lengua
su arquitectura
y un sinnúmero
de plantas hermosas

TAN CIERTO COMO INNECESARIO

de combada espalda
y perenne resignación
oculta deseo el trabajador
para la fiesta del fin de semana

una balsa en el inmenso mar
flotando sobre la muerte
ilusión diminuta alimentando
la espera ansiosa del viernes

paisaje de felicidad hurtada
es la jornada de larga semana
vacíos que no llenan nada
excepto el jangueo con los panas

así la amistad es tierra firme
en este horizonte de agua
y máquinas predadoras que rondan
la espera del tropiezo que fraguan

náufrago de esperanza vacua
ora por tan solo un milagro
de lotería quizás retiro
cuál de los dos más lejano

y si de casualidad la pesca
o acaso la astronomía
fueron su pasatiempo sagrado

soledad y desamparo se encargaron
de desinflar toda la emoción
que alguna vez cargaron

es este el mundo señores
que el gran capital ha creado
tan cierto como innecesario
de inevitable no tiene un centavo
y si la vida de simple puede ser
todo lo hayamos pensado
la pregunta entonces es
qué hacemos aplaudiendo
en lugar de haber despertado

NUEVA ESTRELLA

en la desbocada expansión de las cosas
ha desaparecido
la estrella de la sapiencia
y el beso de tu sorprendida fuente
también partió con ella

hice entonces que me ataran
al mástil de los recuerdos
luces de pasado tintineando
eran mi único alimento

pero el olvido cortó los nudos
con las notas de otro sueño
ecos de gruta perfumada
sobre dos océanos extraviados
buscando orillas con empeño

allá fui entonces a buscarte
aprendiendo acordes como Sócrates
frente al precipicio del infierno

desechando el inútil llanto
por la vida que se pierde
pues la última es siempre la primera
cuando en el horizonte se descubre
el nacimiento de la nueva estrella

FRESCOS PENTAGRAMAS

hay veces que me marean
las vueltas que da la cabeza
entre lo que se ve de frente
y la estela que quedando pesa

para propósitos de este poema
ni hablar de lo que está cerca

cierro mis ojos en desconsuelo
de no poder alcanzar la nada
pues aun así me concentro
en viajes de croquis y bosquejos
o saltos de canguro alado y electro
sobre densos textos escuchados
que en mis tablillas aún ni encuentro

regando toda la idea en un gesto
sacudiendo polvo de otros tiempos
aprovecho la suerte de larga vida
llena de tan cortos momentos
y en la sopa de mis inventos
mezclo con mucho empeño
manjares medio cocidos
y algunos finales de extenso intento

antes hacía mucha bulla
hoy me susurro para adentro
mas las antiguas letanías

de corazón y vientos
ahora las examino
una a una en el recuerdo
y lo nuevo solo se vuelve bello
si con paciencia lo releo
como mozos pasos recreados
en los frescos pentagramas
de otro primaveral concierto

FUNES

me gustan las plantas de grandes hojas
los árboles y su corteza
así si me quedo sin papel
escribir no será sorpresa

pero más me gusta la memoria
esa que ya casi nadie practica
pues por más superficie que exista
me puedo quedar sin lápiz y sin tinta

SABROSO MANJAR

truco de dioses es la muerte
cruel oferta de mejor manjar
para quien con buenas razones
de mente y corazón dado
entiende que el presente plato
no es enjuto sino deleitoso
y que merece una eternidad
de experimentos y recetas
para seguir su mejorado

LIBACIÓN

vertí leche en el fuego
íncipit del libro sagrado
acicate para la jornada
en la oblación que sostiene
el orden de mis cosas

ya están abiertas las ventanas
tienen agua los arbolitos
torre de textos sobre la mesa
siete marcadores de color
y un lápiz de punta afilada

los escritos y su intríngulis
se aprestan a ser descifrados
no es lo mismo que entenderlos
es más bien una voz extraña
que interpretó a mi modo

luego la tejo y reparto
al que quiera probarla
en esta canícula que ahoga
y entre versos no siento

navego el título aleatorio
lo mejor que hoy puedo
espetones sobre mi fuego
ignoto camino del desierto

DÍAS BRILLANTES COMO NUBLADOS

cargando con mi prurito a cuestas
mucho tiempo me la he pasado
haciendo cosas bien hechas
y otras que he abandonado

mi dedo admonitorio hizo presencia
en clubes amigos y en despreciados
como si a la revelación faltase paciencia
tanto en días brillantes como nublados

urdía el pensamiento su mundo alterno
en andamiaje de reglas y teoremas
una suerte de texto sagrado
enemigo confeso de la enmienda

escaldar al otro era necesario
si de amarlo se trataba
un entuerto de serpiente letal
con la cola entre sus piernas

pusilánime como si enfermo
caía en ocasiones
pues el fracaso estaba en ellos
que no seguían instrucciones

mas en arpillera tuve
que envolver mis sueños
el día inesperado de la derrota

cuando solo de mí quise ser dueño
y de aquellas veredas sacudí mis botas

cuánto atavismo es posible
acumular en una vida
ojalá y que en lo que quede
pueda entregarme al abismo y flotar
como una gaviota sabionda
emborronando viejos poemas
y escandir los versos hasta la hoguera
de todo lo que se jactaba tener
una métrica impecable e imperecedera

DISUELTA ANGUSTIA

en el llanto de un niño
que pierde a sus padres
en un parque inundado
de gente extraña

en el desvarío de un amante
que no entiende el cómo
de su inesperada soledad
y mucho menos el porqué

cuenco frío que forma el alma
la inmensidad de los horizontes
donde los edredones del mundo
son incapaces del calentar

corazón de extraviado maná
sanado al verlo del tren bajar
vida toda recuperada al instante
elevado al hombro de su papá

MALOS RECUERDOS

una antigua tara
limitaba el pensar
y la ojeriza
que le desplegaban
no ayudaba
en su acostumbrado pesar
un desprecio de siete suelas
que con el tiempo
demostraba nulos
los esfuerzos por amainar

bien se habla
del árbol que caído
solo espera
el ultraje de su madera
lo cruel del que se hace fuerte
frente a la miseria del derribado
en el insulto del regocijo
que de sus pedazos
se construye una escalera
y en su único rellano
una puerta de trabado pomo
y cínico cartel de salida
con la esperanza cetrina
de no saber cuándo ni cómo

MERCADER

taimado carnicero
desarreglando pucheros
colando manteca como buena
en cada libra de ternero

lanzándoles un bufido
por su atrevido proceder
dije a mi esposa no vuelvo
al puesto de este rufián

pues si luego de advertirle
en tanta semana de bisnes
tiene ganas de estafar
mejor comeremos frutas
como dijo el médico
es tiempo de rebajar

así pensamos disculparnos
ya que en su eterno timar
este señor de provincia
de tan duro trabajar
no merece el escarnio
mas allá de no comprar

en la balanza lo recuerdo
anotando mis presiones
pienso en lo que voy leyendo

y en lo mucho más que leeré
en los años que ahora veré
irme poco a poco añadiendo

ESPESURAS

rácana son las selvas
con el que desconoce
tanto las vegetales
como las de cemento
y quien con desespero escarba
la bonhomía entre sus habitantes
tanto los de madera
como de carne y ventanales
verá que lo observarán sin mirarlo
decidiendo muerte o perdón
según hallen el resplandor
en su mirada de extranjero

PARMÉNIDES, EL INSISTENTE

existe la hoja vacía
y así como existió el árbol
existirá el poema

para en todo momento
simult neos
existir los tres

LAS MARCAS EN LA PARED

las de todos
inesperadas
las de siempre
temporeras
permanentes
como si afuera no hubiese
árboles para mirar
aun en la antigua cueva
que decidimos pintar
pues la noche es fría
peligrosa
y en algún momento
tuvimos que entrar
al nuevo camino
de alzar y diseñar
donde el símbolo artificial
nos ayudó a registrar
en un recuerdo que se pagó
con un olvido sepulcral
esclavos de una creación
tan fabulosa y especial
pensándonos monarcas
de un reino virtual
que nos obliga a pensar
en el extraño momento
donde todo el conocimiento
que pudiésemos aspirar
se pierde y disuelve

en lo amplio de un universo
difícil de ordenar
como si la vuelta fuese circular
en presente de final y principio
bien parecido al ancestral

BORDE

jamás termino
de contar las flores
en este estado
tan rayano de la nada

EXPLOSIVO CALLAR

entre las flores me hice valiente
y con los dedos sembré mi aliento

por los niños supe que los ojos
se iban de viaje con las estrellas
allá donde los juegos se ganan
regalando la más reciente moraleja

una fogata de apellidos
guardaba el campamento
donde alguna poesía rebuscada
nos tomaba de la mano
mostrando el vaivén del viento
sobre las copas de nuestro acento

en esos tiempos no hubo tristeza
que despertara en las mañanas
y nuestras bocas de beso fácil
en su soplo de perenne brisa
hacían de la arena el alimento
que sostenía todas nuestros cuentos

cuando lo pequeño
dejó de pasar desapercibido
intentamos entonar
la canción de lo inútil
pero los elefantes
ya habían partido

y junto con ellos el misterio
de los párpados abiertos

por un tiempo se probó
la recolección de uvas
en silbidos de dolor que procuraban
restaurar la melodía
donde solo quedaba humedad
y memorias de dulce torpeza
que bajo las raíces del miedo
se hizo necesario escarbar

hoy cocinamos lentejas
en prendas de cerámica antigua
y cestos de reciclada paja
para que en las tardes de nacimiento
siempre halla testigos
y ecos de lo que por otro ocaso
fue el más fuerte de los ríos
la paradoja de saberse rico
en el más expresivo
de todos los silencios

RESUMEN Y PRINCIPIO

gusto trabajar la tierra
alrededor de mi casa
así entiendo mejor a Epicuro
y la estrecha relación que existe
entre cualquier libro en la biblioteca
y la semilla de la calabaza
ambos tan sencillamente pequeños
todos resumen y principio
del universo completo

INEVITABLE Y PARA SIEMPRE

repartiendo el flujo de mis ideas
códigos de abstracción y simpleza
entre las hojas de la gran acacia
rechinaba en suave vaivén la hamaca
en su queja de tanta cosa
pues ni todo el verde daba abasto
para lo que había y lo que falta
en mente desatada de humano
donde el árbol sabía hacerse uno
con la abundante rama dispersa
un bosque que respiraba a tono
con los ciclos del amor a cuesta
repartiendo un viento de semillas
sobre mi inmensidad diminuta
como bien nos enseñó Cantor
en su elegante visión de lo infinito
que no puede existir tal cosa
a menos que se pueda dividir
en muchos más infinitos
haciendo evidente mi error
la imposible traducción de las lenguas
de no dejar morir la muerte
cuando no te pensaba ahí
en todo mi pasado
en todo mi presente
inevitable y para siempre

SIETE PÁGINAS

compartí un cuento de siete páginas
del gran escritor japonés Jun'ichiro Tanizaki
y te resultó muy largo para tu gusto

yo me alegré sobremanera
y te pedí encarecidamente que para nada
ni nadie
claudiques de tu posición tan contemporánea
y a la moda
pues solo así garantizas que el grupo que
junto conmigo disfruta de tales lecturas
permanezca reducido al mínimo y así
el entendimiento de ver el presente
transformado en una inmensidad de endeudados
agradecidos y alegres
que de entrada han voluntariamente entregado
su futuro al enriquecimiento de otros pocos
reduzca tan inmenso escenario a una opereta
presenciada entre los que ganan
y los que entienden el cómo y el porqué ganan

PERMANENTE IMPERMANENCIA

Jesús pedía a sus discípulos
no contar a nadie sus milagros
o como en buen castellano dicen
hacer el bien sin mirar a qui n

pero la fama comoquiera lo atrapó
y el bochinche creado por tanta bondad
le costó la vida

cuando la danza que agitó su ser
pareció apagada por los llantos
la idea logró rescatarlo
del olvido y el sepulcro

y aunque cadáver andando
no tiene vigencia en los registros
como bien sabían los egipcios
la palabra que emociona persiste
en historias que el papel termina anclando

así pienso yo mi existencia
tiene ocasión en la permanencia
pues sin clamar que soy un cristo
pensé e hice diciendo lo mío
procurando siempre dejarlo
todo por escrito

IGNORADA CONDICIÓN

recuerdo con curiosidad
cuando siempre quería otra cosa

solía ir al médico por sentirme extraño
l insistiendo en mi perfecta salud
yo buscando otra cosa

otra cosa tenía que ser el amor
pensaba en los brazos de una mujer buena
otra lectura más importante
leyendo La Odisea

otros idiomas me parecían interesantes
hasta que comenzaba con alguno
otra realidad
otra sociedad
otro país

en décadas jamás diagnosticaron nada
y la relectura se volvió tan placentera
que terminé escribiendo el mismo poema
muchas veces
todos iguales
todos diferentes

EL ARTE DE LA DIFICULTAD

la abarrotada multiplicidad de columnas
en las salas de edificios antiguos
como los egipcios
y aun algunos romanos
tornaban en belleza
la dificultad de sostener un techo

mas no sé si los que construyeron las pirámides
sabiendo más que sus herederos
también optaron por el efecto

EXTRAVIADA VERACIDAD

allí está la ventana de El Bosco
y todo el que por ella mira
se quedará mirándola
por el resto de su vida

así quedó afectado Parmigianino
pintando cuadros de gente normal
con gigantescas manos
cuando sintió escuchar palpitaciones
tan antiguas como ajenas
las venas de otros ojos que jamás salieron
de tan deleitoso jardín de penas

vivos entre los muertos
coleccionistas de panes y piezas de coral
viven como si muertos
haciéndose los sordos mientras cantan
las coplas auténticas de su autoría
como quien juega a proteger
lo que a nadie le importa
mientras cobra cuota la ceguera
en la mutua ilusión de la espera
el contorno desesperado de elefante
sobre alguna imaginada montaña africana
pues cada palacio merece su estafa
y la que no se ajuste a lo predicho
vivirá la bendición creadora de una angustia
derramada por los tubos de oleo

de toda nota quebrada
donde la veracidad de los hechos
queda extraviada
en el centro mismo del hecho

CENA PROVINCIANA

cocinábamos envueltos
en calurosa brisa vespertina
que colándose por entre los bambúes
se entremezclaba con un trasfondo
de risas infantiles desconocedoras
de diferencias idiomáticas
y una cajita de voces
que desde su rincón
de cuando en cuando
obligaba a los adultos al silencio
en el deseo de no perderse
las artimañas amorosas que tejían
los protagonistas de la radionovela

SAN LEON UMINGAN

llevo años leyendo a Nietzsche
el cual se leyó
todo lo que produjeron los griegos
los que a su vez
absorbieron las grandes ideas de Egipto,
Mesopotamia, Persia y la lejana India

el bigotudo era
una especie de Ptolomeo cuando pensó
debería ponerse todo
en un edificio de Alejandría
del cual hoy mantengo
una pequeña sucursal
considerando que ninguno de los dos incluyó
ni Las Américas ni El Mar de la China

ESPERANZA

cuando regrese a la montaña
procuraré una estrella
y una flor de maracuyá
no como la última vez
donde mis jóvenes manos
partieron vacías de confianza

DE LO PRUDENTE Y LO ADECUADO

Trasilo de Mendes sentado
en la Alejandría de su tiempo
organizó todos los sobrevivientes
manuscritos Platón

lo hizo en tetralogías
de las cuales contó nueve
y cuando reviso mi copia
la que compré en Harvard
hace ya mucho tiempo
me doy cuenta que su orden
veinte siglos después
es el que estableció el bibliotecario
tan campante como tan contento

leyendo y leyendo descubro
que existe un movimiento
que estudia el orden correcto
de los excelsos diálogos
pues aunque lo heredado
no fue un acto caprichoso
hay quienes piensan
que tampoco fue dichoso

pero como no hay quien ordene
sin uso de criterio propio
contando que los siglos todos
tienen su peculiar ideario

de lo prudente y lo adecuado
se hace relativa la cosa
pues a menos que resucitemos
al maestro de Aristóteles
para que se ría de nosotros
explicando que como educador
los escribió mezclados
pues rodeado de estudiantes
retaba y corregía
aprendiendo siempre de ellos
por años y meses y días

así si difícil es
estudiar al ateniense
en cualquier era y contexto
más prudente es estudiarlo muchas veces
si se quiere ser fiel al intencional enredo
en órdenes y grupos diferentes
de acuerdo con los tiempos
pues lo que quería el viejo
no era que pensáramos como l
sino que aprendiéramos a hacerlo
con la duda siempre fresca
revolcando el orden con los vientos

POEMA NEOHEGELIANO

agradezco
tu propuesta de liberación
no siempre es la mía
la estudio
honro su valentía

consideremos desechar lo épico
sospecho ayudaría

ahora son ellos amos
pero el trabajo es nuestro
el terreno del estudio
la puerta
la salida
la clave del interludio

REPETICIÓN Y SORPRESA

a veces escribo
y hasta publico
cosas que luego
con el pasar del tiempo
en ocasiones años
leo en otros autores
antiguos o contemporáneos
sino idéntico
suficientemente parecido
para que a alguien se le ocurra
acusarme de plagio

tal vez argumentaré
que no lo es
que es coincidencia
quizá los efectos
del algún inconsciente colectivo

no sé si me escuchen
ni siquiera sé si me acusen

tal vez me crean
tal vez no
tal vez ni pase

en cualquier caso lo longevo
de entre lo que sobreviva
se encargará
de favorecer lo justo

pero la estrategia de la espera
en los extensos futuros
parece escapar
nuestras contaminantes manos
en era de inminentes finales
que hemos vivido antes
y que ahora aceptamos
en la continuidad
en la esperanza
en la preocupación
de nuevos
e inesperados finales

LOGROS

a mi edad
Colón había atravesado el atlántico
antes de morir
años más joven
de lo que soy

ayer escribí
dos poemas

este
lo escribí hoy

ALERTA LLAMARADA

cada recinto que termina
como el de Alejandría
es un grito a la memoria
el dolor tardío de su descuido
cuando sin previo aviso
la volvemos a necesitar

COMO SI NADA

nadie sabe dónde está
el cuerpo de Roque Dalton

bueno
casi nadie
pues los que lo desaparecieron
s conocen

los que abandonaron la causa
por otra cosa
la causa confusa
de mañanas y asesinatos
de olvidos y secretos
de entierros y nuevas burocracias
de millones robados y de aquí
no ha pasado nada

DAR PÁBULO

Alejandro leyó
los tratados militares de Jenofonte
inspiración para sus campañas
en Persia y Babilonia

Jenofonte
el general de los diez mil soldados
el ateniense
el cronista
el mercenario al servicio de los persas
el que intentó usurpar el trono
de su propio hermano
el que también escribió una apología
condenando la condena de Sócrates
y al no haber presenciado
ni el juicio ni la ejecución del maestro
por andar ocupado
en las batallas del imperio aqueménida
usó los testimonios de Hermógenes
el amigo personal
del condenado

Hermógenes
el ateniense
el de familia rica
el que no tenía propiedades
el filólogo

el que le sostenía a Platón
que los lenguajes eran el resultado
de acuerdos entre sus interlocutores

Platón
el ateniense
el pensador
el literato
el de los dos mundos
el de la metafísica
que aún vive en nosotros

INSTANTES

tropecé y más tarde en el día
radié en la alegría de ver a mi niño
riendo en la casona
no sabiendo si es dios
o si es mi mente
la creadora de tantos momentos
donde el lápiz se hace fuente
y el poema se escribe
casi sin quererlo

SU NOMBRE

la inconsecuente tarea de olvidar
lo que regresa abofeteando la noche
inesperado golpe de agua
para quien aún no sabe leer la lluvia
o el suave azul de un cielo ventanal
mintiendo el fuego solar

deseé entonces morir dormido
en la oscura ausencia de futuros
para tarde entender que el sueño
es la esperanza de un otro que nace
en el corazón de una mujer
y e e llanto que lo consumirá
al no escuchar su nombre

IDEALIZACIÓN

caminaba de la casa a la escuela
en días que parecen mejores
olvidando a los predadores
para que no me persigan
en el sueño de que los tiempos
son hoy mucho peores

TRAZADOS

yo quise hacer mapas
pero no pude
una confusa cartografía
que se pasea en el intento de organizar
la multiplicidad de voces dando dirección

he aprendido a desconfiar de la certeza
pues nadie que diga que hacia allá se llega así
sabe realmente de caminos

mas desconocer no invalida
la creación de cartas marinas
mundos que viven simultáneos
como capas de una realidad que cambia
según la página que se pase

entonces decidí hacer el mapa de los mapas
intento que resultó poco novedoso
pues de estos
aunque más sofisticados
está también repleto el mundo

terminé formando un club
donde la incapacidad de asegurar puntos cardinales
se convirtió en pasión
por la fascinación
de lo infinitamente complejo
en que se manifiesta lo sencillo

pasábamos las noches intercambiando universos
hasta que el sueño nos rendía
y nos íbamos quedando dormidos
con la sonrisa de quien pensaba haber hallado
las coordenadas de un nuevo cuento
para contar el mapa del mañana

EXTRAÑA VEREDA

marcaba los corazones que hallaba
en incansables bifurcaciones del camino
que desde siempre sospeché propenso
a la confusión y al extravío

así pensé fácil
retomar los pasos del regreso
un caso atado al origen
el épico viaje que nunca hice

vana precaución asegurando la vuelta
cuando todo se tornaba en meta
poemas insistiendo rimar con anda
de mirada fija en la zeta

recordaba con frecuencia el principio
mas los diseños que grabé en las almas
era mejor no repetirlos
una pureza que merecía respetarse
alegrías y dolores de imposible revivirlos

fui también pared para marcas
del graffiti abstracto del otro
pues ser pasaje ajeno en mis sendas
resultó ser la forma y el sello
de un destino que aprende
a poco a poco olvidar sus huellas

GUERREROS DE LA FALSA CALMA

en un mundo de paz
no hay esperanza para el soldado
mas la guerra siempre encuentra
su pedacito de discordia
y para emplearse de mercenario
solo falta el deseo de la espada
honores de doble filo que aguantan
tanto al noble como al esquivo
al de fe y al sediento
en su ejercicio de la artimaña
que de aguas turbias hace reinos
y de hoyos monta talleres
donde por pesos hace que repara
al dolido y al soñoliento
en futuros despertares que entiendan
lo tardío y doloroso que es
comenzar de nuevo en la tormenta
que promotores de quietud trajeron

PERSPECTIVA

las victoriosas tropas del macedonio
se cansaron
y en la India dijeron
basta ya

el general tornó todo
en espectáculo
y construyendo un monumento
en el confín
gravó la inscripción
"hasta aquí llegó Alejandro"

así si me agoto yo
en la derrota
nada es

EURÍDICE

para obtenerla fue vedado el beso
antes de alcanzar la lucidez
pero su néctar me volvió a la traición
y con la pequeña brasa del horizonte
para siempre la perdió mi obsesión
en la moral de los que niegan su pasado
sobre la brillante torre del naipe

mas lo que desconocen las voces
de la fingida academia
es el consciente propósito
el último instante de quererla
desechando un futuro incierto
cuando sentado a escribir los versos
para las cuerdas que mi lira conecta
puedo en eternidad recordarla
en su forma más perfecta

COMPLEJO ANDAR

desconocemos el futuro
como si estuviera
en el lado contrario de la cara
donde los ojos
son incapaces de ver
pues lo que sí vimos
con el frente de nuestro rostro
solo se encuentra en el pasado

QUISIERA SER PARMÉNIDES

te pensé movida
y así surgió el tiempo
para ya jamás olvidar
tu creciente lejanía
pues si te hubiera creido eterna
constante
sin fin ni principio
como de verdad eres
tu momento estaría presente siempre
viviendo en la alegría de tenerte

DOS MUNDOS

el recordador de adioses sabía que el último
borroso en su ocasional reconstrucción
traería menor dolor que el próximo
como si el irse acumulara sustos
y los comienzos terribles pesos
considerando mejor acuerdos
de aceptable perdida y ganancia mutua
pero solo con los humanos
pues con libros y teorías filosóficas
mientras más se exija mejor
desechando a diestra y siniestra lo caduco
abrazando la pregunta a lo aceptado
y el regocijo continuo de lo oculto

NUMEN

lejos
y aun así
buena musa

IMPROBABLE FUGACIDAD

con el sueño descansamos
aun cuando despiertos
pues si pesa mucho el ser
con los sueños lo aliviamos
regresando al largo dormir
que a la brevedad nos trajo

AUTORRETRATO

desde la ventana
el bambú en las tardes
aprovechando el viento
canta las nanas de mi infancia

una melodía de dulce ruptura
por la que enanos invisibles
partieron a fundar reencuentros

glosas de lingüista autodidacta
y bolas cristalinas de Escher
que en su teoría de los colores
tragaban los productivos pesares
de un silencio tan inquebrantable
como el sentido en una tabla micénica

reflejos de un dolor que por compartido
se hizo fácil ignorarlo
la creación de una inexistencia fuerte
tan frágil como la nada
un equipaje que sin maletas
me fue fiel en todas partes

pasando las páginas de una piel
siempre nueva en sus comienzos
hallé los poros de su camino
una cosmogonía de viejos instrumentos
divisando por fin un autorretrato
sepultado en los intentos

EL PORQUÉ DE SUS FORMAS

para ser contemporáneos
llamémosle energía

estuvo siempre ahí
desde la explosión inicial
desde antes
en la constitución de las cosas
en el viento
y en la luz
en la vida
y en el después
diferentes formas
un mismo propósito
firme
continuo
inexorable
y tan misterioso
que si alguna vez se supo
o si eventualmente se sabrá
el porqué de sus formas
por lo que a nosotros nos toca
aun seguimos ponderando
su razón de ser

DIURNA LUCIDEZ

los griegos antes de Homero
hablan de dos tipos de alma

la que mora afuera
y solo aparece en sueños
se pasa exprimiendo mis adentros
como si los celos por lo que no ve
la hicieran engatusarme
en revelaciones con las que se faja
para leerlas en mi cuerpo

por las mañanas aún la siento
flotando sobre mi cama
para ver cómo reacciono en el bostezo
estorbado aun
por el difuminado recuerdo

me ha tomado un tiempo
aceptar el arreglo
pero al final le agradezco
pues sus mágicos olores
esos que riega por mi cuarto
alterando mi descanso
luego de ponderarlo tanto
y pensarlos malditos
por el dolor de mis temores
y la angustia de lo que pierdo
producen también rostros

de un muy dulce entendimiento
que si no fuera por la práctica
de tantos años de sueños
no hubiera sabido extenderlos
más allá de las noches
de soledad y destierro
para como hoy vivirlos
en letras y pensamientos
todas y cada una de las horas
en que camino despierto

INEXORABLES NUEVOS COSMOS

si fuimos energía que se funde
convexa por doquiera
al final de nuestra vía
ancestros somos todavía
y también descendientes
en cualquier punto del día

camino de invenciones
hijos de la idea lograda
con singularidades celosas
pulsando del terror negro la nada
barberos tan poderos que no pudieron
el eterno y fugaz engaño imponer
pues desmantelando se perfecciona
la idea del conjunto
cuando del inevitable tiempo brotan
nuevos cosmos sin querer

ÍNDICE